AF331459

42

Lb 516.

Voulez-vous qu'on paie mieux les fonctionnaires publics et les rentiers ?

Faites-nous venir les sequins d'Italie, plutôt par des rouliers que par des banquiers,

OU

RÉFLEXIONS

Sur la meilleure manière de faire rentrer à la trésorerie nationale ce qui restera des contributions levées dans l'Italie, après que l'armée aura été équipée et approsionnée.

Par St.-Aubin, professeur de législation.

Voulez-vous qu'on paie mieux les fonctionnaires publics et les rentiers?

Faites-nous venir les sequins d'Italie, plutôt par des rouliers que par des banquiers,

O U

RÉFLEXIONS

Sur la meilleure manière de faire rentrer à la trésorerie nationale ce qui restera des contributions levées dans l'Italie, après que l'armée aura été équipée et approvisionnée.

Par St.-Aubin, professeur de législation.

Je ne suis rien moins que le partisan des contributions levées même en pays ennemi, et à plus forte raison de celles qu'on leve en pays neutre. Elles appauvrissent généralement la nation dont on les extorque, sans enrichir le vainqueur qui se les approprie, et l'expérience justifie bien à cet égard l'adage commun à tous les biens mal acquis : *ce qui vient par la flute s'en va par le tambour.* Mais lorsque l'affaire est faite, que ces contributions sont imposées, levées et payées, je voudrais au moins qu'il en revint une petite parcelle au trésor de la République, au nom de laquelle ces levées se font.

Deux cents quarante millions ont été levés en Alle-

A

magne ; les journaux retentissent depuis long-tems des millions fournis par le roi de Sardaigne, par le duc de Parme, par celui de Modène, par le roi de Naples, par la république de Gènes, et enfin par le saint père le pape.

Je ne sais pas ce que tous ces millions sont devenus; mais ce qu'il y a de certain, c'est que les rentiers et les fonctionnaires publics ne les connaissent que de réputation, aussi craignent-ils avec raison, que si l'on ne prend pas d'autres mesures pour les millions que doit fournir Venise, et pour ceux que Vé-ronne a déjà fournis, tous ne traversent la trésorerie nationale *incognito*, sans qu'aucun rentier ou fonc-tionnaire puisse faire la connaissance personnelle d'un seul sequin.

Pour leur procurer ce plaisir, après lequel ils sou-pirent en vain depuis bien du tems, je ne vois qu'un seul moyen, c'est de soustraire messieurs les sequins à la fatigue des délégations et des traites, qui en font périr la plus grande partie en route, et de les faire venir plutôt par des rouliers que par des banquiers.

En proposant les rouliers pour ce service important, je n'entends aucunement exclure toute autre voiture plus expéditive, et astreindre ce transport uniquement à l'entreprise du roulage de la rue du Bouloy. Je veux seulement dire que lesdits sequins arriveraient plus commodément, plus promptement, et en meilleur état de santé, même par des rouliers ou des fourgons, que par la voie des négociations, des délégations et des remises qu'on a employée jusqu'ici. Je ne m'op-pose aucunement à ce qu'on les fasse venir en poste, moyen qui paraît très-particable, lorsqu'on consi-dère que dans cette guerre-ci, l'on a des deux côtés fait voyager en poste des armées entières. Car enfin le courrier de la malle sera moins embarrassé avec un demi million de sequins, que ne l'ont dû être les postillons qui ont transporté des compagnies entières avec des pièces de campagne.

Et qu'on ne croie pas que ceci soit une mauvaise plaisanterie. Je soutiens, 1°. que l'argent que nous pouvons tirer de Venise ne peut venir en dernière analyse à Paris, que voituré par eau ou par terre, en espèces ou en lingots, et que si nous ne nous chargeons pas nous-mêmes de ce transport, les banquiers nationaux ou étrangers qui s'en chargeront pour nous, en nous permettant de tirer sur eux, nous le feront bien payer, et au-delà. 2°. Que quand même il serait possible de le faire venir à meilleur marché par des lettres-de-change, ce qui, pour Venise, n'est pas possible, encore serait-il très intéressant pour le crédit public, dans les circonstances particulières où nous nous trouvons, de préférer le transport en nature.

Pour démontrer le premier point, il faut d'abord donner une idée nette et précise d'une lettre-de-change, ou plutôt de la manière dont, à l'aide des lettres-de-change, on fait venir de l'argent de l'étranger. Il suffit d'entamer cette discussion dans un lieu public ou même dans la meilleure société, pour se convaincre que les neuf dixièmes des gens qui raisonnent là-dessus, et même de ceux qui tirent, acceptent et payent des lettres-de-change, n'ont rien moins que des notions claires sur la théorie de cette opération, qui cependant est très-simple.

Supposons donc que Pierre de Paris veuille faire venir dix mille sequins de Venise, où il a fait un héritage, et que, ne pouvant ou ne voulant pas les faire venir en espèces, il cherche un banquier à Paris qui veuille se charger de cette opération pour lui. Si par hasard, ce banquier doit lui-même à Venise, ou s'il trouve quelqu'un de ses connaissances qui y doive, l'opération sera bien simple, bientôt faite, et faite à peu de frais. Il se fera donner par Pierre une lettre-de-change sur la maison de Venise qui lui doit les dix mille séquins, en échange de quoi il comptera à ce même Pierre une somme d'écus équivalente, et prendra pour sa commission un tiers ou un demi pour cent.

Mais pour pouvoir faire cette opération, il faut qu'il se trouve quelqu'un à Paris qui doive à Venise, autrement le banquier qui avancera à Pierre les dix mille sequins sur sa traite, sera obligé de les faire venir de Venise en espèces ou en lingots, et alors il saura fort bien faire payer à Pierre les frais et les risques attachés à ce transport, s'il ne fait pas payer au-delà.

Pierre peut à la vérité, comme cela arrive souvent, faire venir ses dix mille sequins par la voie de Hambourg ou d'Amsterdam, ce qu'on appelle le change indirect.

En effet, si Jean de Hambourg devait 10 mille sequins ou plus à Venise, et que Jacques de Paris dût la même valeur à Hambourg, alors ce dernier payerait à Pierre une somme équivalente à dix mille sequins pour sa traite sur Venise, qu'il enverrait à Hambourg pour acquitter ce qu'il y doit, comme Jean de Hambourg enverra la traite à Venise pour y acquitter sa dette.

Mais pour pouvoir effectuer ce change indirect, il faut, non-seulement, que quelqu'un de Paris doive à Hambourg, mais de plus, qu'il y ait quelqu'un à Hambourg qui doive à Venise, ou qu'un d'eux se charge du transport en espèces, et le fasse payer aux autres. En un mot, toute lettre-de-change se réduit à une compensation d'une dette réciproque, ou à un transport d'espèces pour la solder. Vouloir envoyer de l'argent dans un pays, lorsque ce dernier ne

nous doit rien, ou vouloir en faire venir d'un autre auquel il n'est rien dû, uniquement par lettres-de-
change et sans aucun transport d'espèces ou de
lingots, est une chimère aussi absurde que de vouloir faire venir des guinées d'Angleterre sans qu'elles
passent la mer.

Or, Venise est précisément un pays qui, à cause
de sa banque, a des fonds à tout le monde, et à qui
peut-être notre gouvernement est le seul qui doive.
Il est donc aussi difficile d'en faire venir des fonds
par des lettres-de-change, qu'il serait aisé et peu
coûteux d'y en faire passer par la même voie, et si
ceci est vrai pour de petites sommes qu'un particulier voudrait faire passer à un autre, la chose devient
bien plus difficile, lorsqu'il s'agit de vingt ou trente
millions qu'on veut faire venir en peu de tems,
somme pour la compensation de laquelle il n'existe
presque jamais une dette assez forte d'un pays à
l'autre.

Il est donc évident que quelle que soit la voie qu'on
veuille y employer pour faire venir nos sequins de
Venise, il faudra toujours que le transport s'en fasse
en nature. La seule différence qu'il peut y avoir, c'est
qu'en employant la voie des lettres-de-change, la trésorerie payera à des banquiers nationaux ou étrangers, qui se chargeront de ce transport, les frais
accompagnés d'honoraires et d'intérêts.

L'erreur du public qui croit qu'en multipliant les
traites, on peut faire venir, sans un transport réel,
des fonds d'un pays auquel il n'est rien dû, est la
même qui, en Angleterre et en France, a fait défen-
dre la sortie de l'or et de l'argent. Si l'on demande
aux partisans de cette sottise, comment on payera
aux étrangers ce qu'on leur doit, ils vous répondent
par des lettres-de-change. Et si on demande encore
comment on payera ces lettres-de-changes, ils disent

par d'autres lettres-de-changes. Ceci rappelle la réponse de Jeannot à qui l'on demandait où il voulait qu'on mît la terre d'un fossé qu'il faisait creuser ? Il n'y a qu'à faire un autre fossé, dit-il, et la mettre dedans.

J'ai sous mes yeux différentes lettres d'envoi de liqueurs, de macaronis et de chocolat, venus de Turin, qui, comme l'on sait, n'est qu'à 93 lieues de Venise, et dont le transport revient à trente-sept liv. le quintal de Turin à Lyon, et à seize livres de Lyon à Paris. En mettant seize livres pour le transport de Venise à Turin, ce qui est beaucoup, les cent livres pesant de Venise à Paris ne couteraient pas soixante-dix livres. Mais comme le gouvernement paie toujours tout plus cher que les particuliers, je porterai cette dépense à cent francs, ce qui est exorbitant pour des sequins qui se transportent plus facilement que des liqueurs et des macaronis. On aura donc une livre pesant de sequins rendus à Paris pour vingt sols, et comme cette denrée vaut environ quinze cent francs la livre, le transport en nature ne reviendra qu'à deux tiers pour mille, ou à un quinzième pour cent. Si c'était de l'argent au lieu de l'or, il en coûterait environ un pour cent. Peut-on comparer ces frais à ce qu'il en coûterait au gouvernement pour faire venir cet argent par des lettres-de-change, en supposant même qu'il ne fût volé qu'au cours de la place ?

Il est vrai que, dans ce moment-ci sur-tout, les sequins sont sujets à être arrêtés en route, et qu'en conséquence, il serait bon de les faire escorter. En faisant partir deux mille livres pesant de sequins à-la-fois, ce qui fait environ trois millions de francs, je donne pour l'escorte de chaque convoi cinquante hussards ; c'est fort honnête : il faudra que les voleurs qui voudront leur escamoter leurs sequins, forment au moins un bataillon et se lèvent de bon matin. En supposant que le convoi ne fasse que cinq lieues par jour, il mettra environ cinquante-six jours (*) pour aller de Venise à Paris. Je donne à chaque hussard cent sols par jour, parce que, quand il s'agit de sequins, qui ne coûtent que la peine de les prendre, il est permis d'être un peu magnifique, car autrement nos hussards voyagent à moins. En prenant les comptes faits de barrême, je vois que cinquante hommes, marchant pendant cinquante-six jours, et dépensant cent sols par jour, mangent en tout quatorze mille francs, qui, comparés avec trois millions ne font pas encore un demi pour cent. J'ouvre le rapport de Camus sur la trésorerie nationale, et en calculant ce qu'il en a coûté par fois pour faire venir de l'argent de bien moins loin, j'en conclus que, sous le rapport de l'économie, les hussards sont encore ici préférables aux banquiers.

La seule chose qu'on peut objecter contre cette manière de faire venir des sequins, c'est qu'ils sont long-tems en route, et que les besoins du gouvernement sont trop urgens pour pouvoir attendre.

Je réponds, 1°. que si le hasard ne nous avait pas procuré ces sequins de Venise, qu'aucun rapporteur n'a osé porter dans les recettes ordinaires, il aurait bien fallu passer par-là, et attendre encore plus long-tems.

2°. Qu'en faisant attendre un peu les parties prenantes les moins pressées, et qui ont déjà les mains garnies, ce sera un moyen de plus pour se tirer de la détresse. La misère est comme le démon que, selon l'évangile, on ne peut chasser que par le jeûne; nous en avons fait l'épreuve dans la dernière disette,

---

(*) Remarquez en passant que ce n'est pas là tout-à-fait deux usances d'un mois chaque.

due au *maximum* de défunte mémoire. Il est aisé de se convaincre , par les opérations de la trésorerie dont Camus donne l'analyse, que si l'on avait pu se résoudre de tems-en-tems à une abstinence d'une demi décade , abstinence à laquelle il a toujours fallu se réduire quelques décades après, on aurait épargné bien des millions , et on n'aurait pas éprouvé la moitié de la détresse dans laquelle on se trouve.

3°. J'ai supposé que le convoi ne fît que 5 lieues par jour, tandis qu'il pourrait fort bien en faire sept ou huit, ce qui réduirait les 56 jours à 35 ou 40.

4°. Enfin, rien n'empêche qu'en attendant l'arrivée des convois, le gouvernement puisse se faire avancer quelques millions par des capitalistes qui voudront bien lui faire ces avances ; car je crois avoir suffisamment démontré qu'on ne peut se les procurer simplement par des traites. Mais j'insiste toujours à ce que cet emprunt soit très-borné et destiné uniquement aux dépenses les plus urgentes, telles que celles des prisons et des hopitaux , dépenses qui seules justifient des opérations aussi ruineuses.

Je crois que tout lecteur non-prévenu doit maintenant être convaincu que le transport des sequins en nature est infiniment moins dispendieux que la voie des négocations et des lettres-de-change , et que dans le cas particulier où nous nous trouvons à l'égard de Venise, ce transport auquel il faudra toujours revenir en derniere analyse , est même plus expéditif, à moins qu'on n'employe la voie ruineuse des avances, puisque la plus courte traite sur Venise a soixante jours de date.

2°. Mais quand même, pour faire venir cet argent en nature , il en coûterait autant et même d'avantage que par la négociation la plus ruineuse , (supposition chimérique et extravagante), encore faudrait-il , pour l'intérêt du crédit public , en faire venir au moins une partie en espèces. Il y a si long-tems qu'on est accoutumé à ne voir rien arriver à la trésorerie, que le jour même où l'on y verrait entrer quelques charriots chargés d'or et d'argent de l'étranger, et duement escortés, avec l'intention bien manifestée de les distribuer parmi les fonctionnaires publics et les rentiers, l'espoir renaîtrait dans tous les cœurs , et le crédit public se releverait sur-le-champ. Le bruit seul du transit de ces bienheureux sequins par Milan et Turin , et de leur arrivée à Lyon etc. , ferait monter les inscriptions de plusieurs pour cent , parce que la multitude qui, par tout fait la loi, n'est gouvernée que par les sens. En fait de crédit sur-tout, elle ne croit tout au plus que ce qu'elle voit ; car la plupart pour croire, veulent plus que voir ; ils veulent palper, comme Saint-Thomas l'apôtre. C'est ici le cas d'appliquer ce que Montesquiou dit du crédit en général , qui est la plus délicate des faveurs , et qui se forme de plusieurs combinaisons qui , chacune en particulier, semblent avoir peu d'importance. Il y en a , qu'en théorie, on prendrait volontiers pour des niaiseries , mais que l'expérience prouve souvent avoir des suites incalculables.

Je terminerai cet écrit par une remarque assez importante, quoiqu'on y fasse peu d'attention , c'est que toute cette pénurie , toute cette détresse qu'on exagère tant , tient à fort peu de chose. Qu'on examine attentivement dans le rapport de Camus qui est bien loin de contenir tout et d'être exact, toutes les opérations combinées, pénibles et ruineuses, que l'on a faites pour se procurer de l'argent, et l'on verra que les neuf dixièmes de ces sottises se réduisent en dernière analyse à avoir fourni deux ou

trois millions une décade, et par fois quelques jours
plutôt qu'on ne les eus aurait, si l'on avait attendu
l'époque où il a fallu les rembourser.

Dans ce moment-ci même, où il y a vuide et queue
à toutes les caisses de la trésorerie, queue à celle du
département de la Seine, où les anti-chambres des
ministres, et sur-tout celle du ministre des finances
ne désemplissent pas des parties prenantes (*), qui
se plaignent de ne pouvoir rien prendre, où les mes-
sages pleuvent pour annoncer que les hôpitaux et
les prisons manquent de tout, je suis persuadé
qu'avec dix millions espèces, et peut-être moins,
on déblayerait toutes ces queues, et l'on se remet-
trait au courant, tandis que le public effrayé croit
qu'il en faudrait des centaines.

Faites - nous donc venir nos sequins pour nous
mettre un peu à l'aise.

SAINT-AUBIN.

(*) On connaît l'anecdote des quatre P, placés au-dessus de
la porte de Pierre Pontac, Premier Président, qui intriguèrent
beaucoup un homme qui venait solliciter pour un procès, et
qui les expliqua à la fin par ces mots : « Pauvres Plaideurs Pre-
» nez Patience. S'il y avait cinq P au-dessus de la porte de
» la trésorerie, il y a long-tems qu'on y aurait lu, Pauvres
» Parties Prenantes Prenez Patience ».

De l'Imprimerie D'ANTOINE BAILLEUL, rue neuve
Augustin, N°. 742.